Ein frohes Fest mit PUSCHEL

Bilder: Pamela Storey
Englischer Originaltext: June Woodman
Deutsche Fassung: Edith Jentner

Pestalozzi-Verlag, D 8520 Erlangen

Es kommen Gäste!

„Juchhu!" Mit einem Satz springt Puschel aus dem Bett. „Juchhu, heute ist mein Geburtstag!"
Er setzt sich eine bunte Mütze aus Papier auf und tanzt durchs Zimmer. Plötzlich bleibt er stehen.
„Bald kommen meine Freunde", denkt er. „Schnell an die Arbeit! Sonst sind die ersten da, bevor der Tisch schön gedeckt ist."
Puschel saust durchs Haus. Bald ist alles vorbereitet. Zufrieden schaut er noch einmal den Tisch an.
„Das hast du gut gemacht, Puschel!" lobt er sich selbst.

Der rote Ball

Endlich kommen die ersten Gäste!
Natürlich sind es Schlappohr und
Tapsi Bär – Puschels beste Freunde.
„Alles Gute zum Geburtstag!" rufen
beide gleichzeitig.
„Und der ist für dich!" sagt
Schlappohr lachend und gibt Puschel
einen großen, roten Ball.
„So, so... für mich also. Im Laden
sagtest du aber, es wäre dein neuer
Ball." – „Etwas mußte ich doch sagen.
Du hast mich beim Einkaufen über-
rascht, du neugieriger Puschel, du!"
Die Freunde gehen lachend ins Haus.

So viele Geschenke!

Tapsi hat aus Papier einen schönen bunten Drachen gebaut. Wie sich Puschel darüber freut!
Dann kommen Mole Maulwurf und Quaxi Frosch. Die beiden sind gute Freunde und unternehmen vieles zusammen. „Alles Gute zu deinem Geburtstag!" ruft Quaxi und schenkt Puschel einen bunten Strauß Blumen. „Die habe ich für dich gepflückt!" – „Danke, sie sind sehr schön!" Man sieht es Puschel an, daß er sich sehr darüber freut.
„Schmecken dir Möhren immer noch?" fragt Mole lachend und gibt sein Geschenk ab.

„Mhh, seit heute mein Lieblingsessen!" Puschel beißt gleich in eine saftige Möhre.
Alle lachen. Da erscheint ein großer Korb in der Tür. Wer steckt wohl dahinter? Natürlich, die Katze Maunzi! Sie macht immer so ihre Späße. „Kannst du den Korb brauchen? Alles Gute zum Geburtstag!" ruft sie. „Nur her damit!" ruft Puschel lachend. „Wohin soll ich denn sonst die vielen Geschenke tun?"
Bald ist alles im Korb verstaut.
„So viele Geschenke habe ich noch nie bekommen!" ruft Puschel froh.

Die Lieblingstorte

Und wer kommt als letztes, um Puschel zu gratulieren? Ente Schnatterine mit ihren Küken. Schon an der Tür ruft Kiki, das Küken mit der blauen Mütze: „Puschel, sei nicht stark traurig! Ein Ballon ist schon unterwegs geplatzt!" Puschel tröstet Kiki: „Macht nichts! Ihr habt ja noch sooo viele dabei!"
Da ist Kiki wieder froh.
Jetzt kommt auch Schnatterine zu Wort. „Alles Gute zum Geburtstag, Puschel! Ich habe dir eine Torte gebacken."
„Ist das eine Möhrentorte?" fragt Puschel mit großen Augen.

Schnatterine weiß nicht recht, wo sie dran ist. „Ißt Puschel vielleicht nur Möhrentorten?" denkt sie. Dann sagt sie: „Diesmal ist es eine Himbeertorte." Da fällt ihr Puschel um den Hals und ruft: „Hach, wie froh ich bin! Ich kann seit Onkel Theos Geburtstag keine Möhrentorte mehr sehen! Ich habe dort eine ganz allein aufgegessen." Schnatterine und die anderen lachen und setzen sich an den Tisch.
Mhh, wie gut alles schmeckt! Puschel aber ruft: „Himbeertorte ist meine Lieblingstorte!"

Auf der Wiese

„Wollen wir draußen Ball spielen?" fragt Puschel. „Ja, ja!" rufen alle und stürmen auf die Wiese. Puschel wirft den Ball zuerst Schlappohr zu. Der wirft ihn zu Tapsi. Und was macht Tapsi? Der wirft ihn hoch in die Luft. Und weil er der größte ist, fängt immer nur er ihn ab. Die anderen springen und strecken sich. Aber vergebens! Jedesmal erwischt Tapsi den Ball. Da läßt sich Maunzi etwas einfallen. Als Tapsi den Ball wieder hoch in die Luft wirft, springt Maunzi auf den Zaun. Jetzt ist sie die größte und fängt den Ball. Gut gemacht, Maunzi!

Er fliegt!

Danach möchte Puschel den neuen Drachen steigen lassen.
Aber er will und will nicht oben bleiben. Immer wieder fällt er – plumps! – zu Boden.
„Ist der Drachen auch richtig gebaut?" fragt Schnatterine leise.
Da endlich kommt Wind auf, und der Drachen steigt.
„Er fliegt! Hurra, er fliegt!" rufen alle begeistert.
Puschel rennt mit dem Drachen quer über die Wiese bis an den Waldrand.
Hui, wie herrlich er fliegt!
Jeder will die Schnur halten.

Schnatterine hat Pech

"Jetzt bin ich dran, die Drachenschnur zu halten!" ruft die Ente und reißt sie Schlappohr fast aus der Hand. Dann rennt sie los. "Juchhu, ich fliege mit!" schreit Schnatterine und flattert mit den Flügeln. Sie hat alles um sich vergessen. Da ist nur sie, der Drachen und das Fliegen! So kommt es, daß sie Quaxi ganz einfach über den Haufen rennt! Pardauz! – liegen beide im Gras. "Dumme Gans!" schreit Quaxi. "Hast du denn keine Augen im Kopf?" Schnatterine läßt vor Schreck die Schnur los.

„Halt ihn fest!" schreit Tapsi.
Doch zu spät! Der Wind hat den
Drachen erwischt und hoch hinauf
gewirbelt. Da bleibt er an einem
Ast hängen. Alle stehen ratlos
um den Baum herum.
„Was nun?" fragt Puschel. Er sieht
dabei gar nicht glücklich aus.
„Vielleicht erreiche ich ihn", meint
Tapsi und springt ein paarmal hoch.
Auch andere versuchen es – aber
ohne Erfolg.
„Jetzt müßte der Wind so richtig
blasen!" ruft Maunzi. Aber der Wind
kommt ihnen nicht zu Hilfe.

Tapsi hat ihn!

Der Bär zupft an seinem Schal. Soll er oder soll er nicht? Doch dann sagt er plötzlich: „Ich will auf den Baum steigen und den Drachen holen."

„Tust du das für mich?" fragt Puschel. Tapsi steigt auf den Baum, und alle sehen ihm voll Bewunderung nach.

Da! Er hat ihn! Die Küken klatschen in die Hände. „Bravo, Tapsi!" Puschel ist besonders froh und ruft: „Vorsicht! Gib acht!"

Meint er Tapsi oder den Drachen?

Die Ballonfahrt

Tapsi nimmt den Drachen unter den Arm. Dann beginnt er hinunter zu steigen. Doch halt, das ist gar nicht so einfach!
„Es war so leicht, auf den Baum zu steigen", denkt Tapsi. „Aber jetzt habe ich ein wenig Angst!"
Zuerst versucht er es mit dem linken Fuß, dann mit dem rechten. „Ich schaffe es nicht!" ruft er.
„Bleib ruhig stehen!" ruft Puschel hinauf. „Ich kann dir helfen." Dann saust er ins Haus und kommt mit dem großen Korb und den Ballons zurück. „Eine gute Idee!" ruft Tapsi von oben.

Langsam steigen die Ballons mit dem Korb hinauf. „Halt den Korb fest!" schreit Quaxi. Aber Tapsi hat ihn schon erwischt. Vorsichtig steigt er hinein, und der Korb senkt sich auf die Erde.
„Hach!" atmen alle erleichtert auf.
„War das spannend!" ruft Kiki. „Viel, viel schöner als in einem Film!"

Lies diese Wörter! Suche sie dann auch im Buch!

Möhren	Geburtstag
Freunde	Schnur
klatschen	Geschenke
leicht	Angst
zurück	steigt
weiß	glücklich
springt	lacht